내 안의 민달팽이

지혜사랑 318

# 내 안의 민달팽이

전은겸 시집

## 시인의 말

마치 민달팽이가 바닥을 한 자 한 자 눌러 기어가듯
나도 여기까지 왔다

차례

시인의 말　　　　　　　　　　5

# 1부

교육비　　　　　　　　　　　12
알토 소리　　　　　　　　　　14
도끼질　　　　　　　　　　　16
가을 속을 돌아다니다 가을이 되었다　　18
산수화　　　　　　　　　　　19
다시 만날 수 없는 인연　　　　20
탓,　　　　　　　　　　　　　22
팔랑 귀　　　　　　　　　　　24
배설　　　　　　　　　　　　25
몸뻬바지 피고 지고　　　　　　26
숙제　　　　　　　　　　　　28
부항　　　　　　　　　　　　30
나 때는 말이야　　　　　　　　32
낙장불입落張不入　　　　　　　34

## 2부

흔들의자 ........... 38
선택 ........... 40
냉방 ........... 42
초밥 ........... 43
대기표 ........... 44
뒹굴뒹굴 ........... 46
뒷북 ........... 48
뒤도 안 돌아보고 ........... 50
오빠오빠 영원한 우리 오빠 ........... 51
똥파리 ........... 52
속 ........... 54
뒤끝 ........... 56
빨래건조대 ........... 58
가드레일 ........... 60
일방통행 ........... 61

## 3부

| | |
|---|---|
| 열쇠공 | 64 |
| 비밀이야 | 66 |
| 괜찮아 | 68 |
| 창 | 70 |
| 마이크 릴레이 | 72 |
| 나도 아우성 | 74 |
| 마침표 | 76 |
| 강적 | 78 |
| 김칫국 | 80 |
| 니들이 여자 마음을 알아? | 82 |
| 꿈 | 83 |
| 담배 한 개비 | 84 |
| 門 | 86 |
| 순시 | 88 |

# 4부

해피 — 90
팔자 — 92
널뛰기 — 93
사과 — 94
뿔 — 96
선수 입장 — 97
여름 — 98
나의 침묵 — 100
툴툴 — 102
秋 — 103
질투 — 104
건망증 — 106
봄 — 108
애다 — 110

**해설** • 과정의 시적 역학과
      일상적 서사의 심미성 • 유종인 —— 111

- **일러두기**
  페이지의 첫줄이 연과 연 사이의 띄어쓰기 줄에 해당할 경우 >로 표시합니다.

# 1부

## 교육비

세상에 공짜 없으니
며칠 만에 교육비를 지불했는데
학교가 아니고 학원도 아닌 부동산 계약서

지인 소개로 계약서에 사인하는 순간
세종 땅 주인이 되어 날 줄 알았는데

부동산 하는 친구의 안부 전화에
세종 땅 샀다며 자랑하다가
계약서를 보내보라는 말에 사진 찍어 보내니
맹지란다

건너기 전에 돌다리를 두드리는 사람이 있고
건너가다 잘 가고 있나 두드리는 사람이 있는데
나는 후자

알아볼 만큼 알아봤다고 자신했는데
나는 맹탕

보름 지나
계약취소를 통보하자 친절했던 을은 갑으로 돌변하여
계약금의 80%만 돌려주겠단다

맹지를 주장하며 더 받으려 하자 오히려 지인 생각해서 주는 거라며
　그게 싫으면 계약금을 돌려줄 수 없단다
　바늘도 안 들어가는 갑

　주는 대로 받고 돌아서면서
　소화제 먹은 듯 속이 편해졌다

## 알토 소리


음악제 연습 중이다

내 옆 사람은 알토 솔로를 잘하는 모양이다
(나중에 안 사실이지만)

내가 묻는 거나 알려 주지
다 아는 되돌이표 악보 순서나 읽어주고
왜 안 칠했냐며 형광펜으로 내 악보의 알토 음에 색을 칠한다
아무리 내가 신입이라도 대학교 나와 거의 다 알거든요
(이 말은 참고)

연습 중간중간 하나부터 열까지 참견이라
나 스카이 보낸 엄마예요
(이 말도 참았는데)

파트별 연습에서 알토 음을 내다가
꾹꾹 눌렀던 속의 음이 터지고 말았다

소프라노 음 냈어요
아닌데요

>
지휘자는 지휘자대로
신입인 나를 쳐다보는 눈초리 매섭다

나는 아랑곳 하지 않고
알토인 척
척,

## 도끼질

고향 친구 제향은
유일하게 고향을 떠나지 않은 친구다

프로 농사꾼이 다 되어
얼굴도 땅을 닮아가고
남편보다 동작이 빠르다

겨울 준비를 위해
통나무 자르고 옆으로 오이 썰듯 도끼질로
장작 수북이 쌓아 놓은 게 예술인 제향이

나도 해보겠다고
통나무 세워놓고 도끼로 내리치자
통나무가 비웃듯 떼구루루 굴러간다

도끼 탓인지 통나무 탓인지 이빨도 안 들어간다
이빨 안 들어가기가 한 이불 덮고 사는 사람과 똑같다

갓 시집온 나에게 출가외인 네 글자를 내밀 때
쪼개버렸어야 했는데 AI 시대에
아직도 통나무 같은 사람과
한집에 살고 있다

\>
제향아
도끼질 좀 잘하게 가르쳐주라

# 가을 속을 돌아다니다 가을이 되었다

　중2 아이들에게
　도화지 나눠주고 가을을 표현해보라 했다

　영호는 나무에 달랑 나뭇잎 하나 그려놓고 가을은 여백이라 말하고 영관이는 나뭇가지로 도형을 만들듯 붙여나가 쓸쓸한 가을이 되었고 온정이는 갈색 크레용 잡더니 거침없는 갈색 가을을 풀어놓았다

　반장 수영인 손가락 한 마디 크기의 이파리 하나만 그려놓아 무슨 가을이냐 물었더니 비밀이라 하고 그 비밀의 가을 지나 나뭇가지와 나뭇잎 사이에 사람을 그려 넣은 지윤이의 가을 사람도 보았다

　소민인 한쪽에 도화지 밀어놓은 채 아는 삼촌과 배 타고 갈치 낚시할 거라고 연신 입으로 가을을 그렸다

　그 가을 속을 돌아다니다 내가 가을이 되었다

# 산수화

아파트 상가

슈퍼마켓 자리였는데
유리창에 임대라고 붙어 있다

매일 한 번씩 지나다니는데
몇 달째 임대다

인근 홈플러스에 잡아먹혔는지
빈 과자봉지 하나 빈 소주병 하나도 남아있지 않다

새 세입자가 들어올까

흰 벽에는 곰팡이가 도둑처럼 들어와 매일 붓도 없이
한 뼘씩 그려나가고 있다

장마가 끝나고 나면 벽은 온통 산수화로 바뀌어 있겠지

주인은 뒷짐 지고
몇 달째 감상만 하고 있다
산수화를 무지 좋아하는 모양이다

세는 나갈까?

# 다시 만날 수 없는 인연

두 남자가 병실에 누워 있다
한 사람은 간 때문에 한 사람은 위 때문에

간 때문에가 페루와의 국가대표 평가전 보겠다고
위 때문에게 축구 경기 좀 봐도 되겠냐고 말을 걸자
TV 쪽 병실 커튼을 여는
위 때문에

그렇게 트인 말은
간 때문에가 방학 때마다 놀러 간 외가가 대전 대동이고
위 때문에는 자양동에서 자랐으니 그때 만날 수 있었다는 둥

사진작가인 위 때문에게
카메라 수집광인 간 때문에가
구하기 힘든 카메라를 빌려주겠다는 둥

병실의 두 남자는
옷깃만 스친 정도가 아닌 옷을 바꿔 입은 정도의 인연이 되어
밤새 연에 연을 덧대다

\>
다음 날 오전
간 때문에가 퇴원하자
명함 받아 든 남편이 꼭 찾아가겠다며 배웅까지 나선다

'*다시는 만날 수 없는 인연*' 이라는 드라마 한 편을
나는 밤새 보았다

# 탓,

이름 끝에 '경'字는 허다하다
은경, 민경, 진경, 기타 경경인데 내 이름은 은겸이다

사람들은 은겸을 은겸이라 부르지 않고
애들도 어른도 앞집도 뒷집도 모두 은경이라 부른다

그때마다 나는 또박또박 *은겸이에요 은겸* 말하면
모두 고갤 끄덕이며 *아, 은경* 한다

남녀노소 열이면 열 똑같아
*겸손할 겸이라고요* 목소릴 높여야 그제야 *아, 은겸*하고 불려지는
내 이름

겸손해야 하는데
겸손할 대로 겸손해져야 하는데
소릴 지르게 되는 겸손

누굴 탓할까

얼마 전
낮에 스티커 사러 문구점에 갔다가

매장이 어두컴컴해서 주인에게 *어둡네요* 했더니
주인이 손가락으로 내 얼굴을 찌르려 한다

아무리 내 이름에 겸손할 '겸'字가 들었어도
주인의 무례함에 소릴 **빽** 지르고 나왔다

밖에 나왔는데도 어둡다
그제야 선글라스를 끼고 있었다는 걸 알았다

누굴 탓할까

# 팔랑 귀

마트 앞
판매원이 새로 출하된 과일 홍보를 위해
맛 좀 보라고 권할 때 사람들은 대개 세 부류로 나뉜다

바람처럼 지나가는 A형
먹을까 말까 망설이다 가는 B형
팔랑거리는 귀 쫑긋 세우고 손부터 내미는 C형

나는 C형이다
누가 뭐래도 팔랑팔랑 귀를 가진

덕분에
3개월 동안 식초와 콩 먹으면 머리 검어진다는 지인의 말이 귀에 팔랑거려
  그날로 검은콩 구해, 백일 기도하듯 꼬박꼬박 먹었지만
  하얗게 줄 선 머리카락은 더 하얘지고

먹어도 먹어도
검은 머리는 함흥차사라 포기하고

오늘은 새치 커버 효과에 좋다는 샴푸 사기 위해
컴퓨터 앞에 앉아 있다

팔랑팔랑 귀를 넓게 펼치며

# 배설

잦은 연말 회식에
이 회 저 회 먹고 이 고기 저 고기 먹다
속이 놀란 모양이다

오늘도 회식 자리에서 이것저것 집어먹고 온 노래방
마이크 잡고 한 곡조 뽑으려다
속에서 천둥 번개 쳐
급히 화장실로 달려와 힘주고 있는데
옆 칸에서 정순언니 목소리 들린다

*식사 끝나고 지금 막 노래방 왔는데…… 알았어 지금 갈게*

나긋나긋한 목소리 들리는가 싶더니
잠시 후 18 소리 물소리와 함께 설사처럼 내려간다

늘 고상하고 얌전한 정순언니
모임 때마다 서둘러 귀가하는 정순언니

오늘도 노래 한 곡 싸지 못하고
갔는지
없다

## 몸빼바지 피고 지고

여름 한낮
터미널 앞을 지나다
연탄불 위에 놓인 옥수수와 함께
파라솔 아래 졸고 있는 아주머니

엄마가 되어 피어났다

자나 깨나 장독대에 정화수 떠 놓고 빌던
동동구루무도 모르던 거친 손

어릴 때 동네 아이들과 배운 일본어가 전부인 엄마
학교 문턱에 가보지 못해 한글도 모른다며
외할머니를 원망했다

못 배운 한에
자나 깨나 네 남매 가르치겠다고
꽃피는 계절에도 구멍가게에 쪼그리고 앉아
밤늦도록 다가오는 발걸음 세며
자식 가방끈 늘리시느라 허리끈 줄이시던 엄마

꽃무늬 몸빼바지 닳고 닳도록
그 안에서만 피고 지던 엄마

>
색 바랜 몸빼바지
오늘따라 더 선명해지는

# 숙제

식탁 위를 헤엄치는 부자의 붕어빵 입질

*엄마, 요리 좀 배워요*
*니 엄만 배워도 똑같아*

나름 음식 솜씨가 60점은 될 것 같은데
부자는 입만 살아 말하는 것도 붕어빵이다

남편이 밖에서 밥 먹고 온다거나
외식하자는 말 나오면
소리 없이 하늘을 난다

요리 잘하는 사람은 어떤 기분일까
매일 일곱 색깔 무지개 기분일까
사랑 당하는 기분일까

나에게 요리는 언제나 숙제
미루고 미루다 하는 숙제
갈수록 태산이다

시장 갔다가
전라도 반찬가게에서

마지막 남은 깻잎 두 팩을
정답지 낚아채듯 낚아채 가슴에 품고 나온다

오늘 저녁엔 나도 사랑 당할 수 있을까

# 부항

지관 노릇도 하고 이름도 짓고 사주팔자도 풀어주는
한자漢字 박사인 형부

부항에 꽂혀
몸에 이상이 생겼다 하면 부항으로 해결하려 하고
건강검진 결과도 무시한 채 부항으로만 살다
암이 뼈까지 전이되어 1년 만에 갔다

발인 날
하늘은 새파란데
망자 앞세우고 가족 친지 줄지어 언덕으로 올라가
땅 파고
흙 덮으면서
아빠라서 좋았다는 첫째 딸
아빠 사랑해요 말하는 둘째 딸
인사성 밝은 셋째 딸은 아빠 고생하셨어요 편히 쉬세요
언니는 통곡만 하고

3대 독자 아들은 말 한마디 없이 고갤 떨구고 있다가도
고개를 젓는다

마지막 봉분 올라가고

지관이 그 위에 솔가지 하나 올려놓으니
또 부항 같다

# 나 때는 말이야

초등학교 아침 돌봄 아이
하경이와 예지

돌봄 방으로 들어서는 하경이의 긴 머리
한 듯 안 한 듯한 파마에 얌전한 색깔의 염색이었는데
매의 눈을 가진 예지가
금방 알아챘다

빨간색으로도 염색해 본 예지
지금은 꽁지가 노랗다

엄마에게 졸라 파마 대열에 들어선 하경이
책만 좋아하는 줄 알았다

나 때는 말이야
대학생은 되어야 파마했는데

학교에서 인기가 많은 예지는
머리에서 발끝까지 패션이다

엄마가 옷 가게를 하는지
매일 옷이 바뀌는 예지에게

흰색 잠바에 바지를 며칠째 입는 하경이가 이상한가 보다

나 때는 말이야
명절 때나 돼야 새 옷을 입을 수 있었다고
말할까 말까

## 낙장불입 落張不入

  나는
패를 잘못 읽고
아무거나 낼 때가 있다

  살다 보면 자주 일어나는 일인데
오늘은 식당에서 일어났다

  문학 행사 마치고 뒤풀이 식당에 갔을 때 앞 테이블에 한 분은 시 가르치던 선생님이고 한 분은 그토록 만나고 싶어 했던 풀꽃 시인

  나란히 앉아 있는 두 분에게 다가가 *선생님 안녕하세요* 하고 인사하자 시 선생님이 반갑게 인사를 낚아채 간다

  핸드폰 보고 계시던 풀꽃 시인은 힐끗 쳐다보다
다시 고개 숙인 풀꽃처럼 핸드폰만 들여다본다

  아뿔싸!
패를 놓쳤다

  똥광 먹을 상황에 똥을 쌌으니
뒤늦게 술잔 권해도 시큰둥한 풀꽃 시인

\>
낙장불입이었다

# 2부

## 흔들의자

갓 구운 빵은
구수한 냄새와 따뜻함이 좋지만
오래 기다려 주지 않는다

냄새도 따뜻함도 때가 있다는 듯
금방 식고 좋은 냄새도 이내 사라진다

너를 만날 때 그걸 알았다면
나는 너에게 육필로 달아나지 않겠다는
맹세라도 받아놓았을 텐데

부드럽고 다정한 줄만 알았던 너
바빠서 며칠 연락 못 했더니
빵에 곰팡이 피듯 피고
딱딱해졌다

매일 좋아한다 해 놓고
너무 쉽게 이별을 말했다

앞으로 내 앞에 얼쩡거리지 마!

이제부터 내겐

흔들의자만 있으면 돼
흔들의자는 언제라도 흔들흔들
달래주거든

# 선택


시민대학 논어 강좌 시간에 선생님이 묻는다

귀가 안 들리는 게 낫나요
눈이 안 보이는 게 낫나요

눈 가리고 귀를 택할까
귀 막고 눈을 택할까
둘 중 택한다면?
아리송하다

눈이요!
눈이요!
무엇이든 볼 수 있고 어디든 갈 수 있잖아요
눈을 말하는 수강생이 대부분인데
선생님은 귀를 말한다

소리는
무한으로 느낄 수 있고
무한을 깨달을 수 있으니 더 낫단다

그 순간 성당에서 그림자처럼 붙어 다니는 부부가 떠올랐다

시각장애인 남편에게 눈이 되어주는 아내
둘이 하나가 되어 완전체가 된

그건 그렇고
노래 듣는 것 좋아하고
돌아다니는 것도 좋아하는 나는 어쩌나!

## 냉방

대전 대덕구 고교서 40대 교사 흉기피습 의식불명!
단톡방에 속보 올라오자 방이 뜨겁다

용의자 도주했대요
남자 선생인데 피 많이 흘렸대요
오늘은 날씨도 무섭고 사람은 더더욱 무섭네요
오늘 송촌동 쪽으로 가지 마세요
계족산도 위험해요
맞아요
용의자 사진입니다
삼청교육대가 필요합니다

(긴 침묵)

부모와 자식 간에도 정치는 예민하다

단톡방이 뜨겁게 달아오르다가
갑자기 냉방이다

오가피 필요한 사람 연락주세요!

불쑥 올라온 글에
넙죽 절할 뻔했다

# 초밥

아침 돌봄 시간
먼저 온 하경이가 책 보고 있다가
예지가 나타나자 놀이방 바닥에 있는 담요 2개로
초밥 놀이를 하자 한다

담요 속으로 쏙 들어간 예지에게
잠깐만! 하면서 예지 위로 담요 하나를 또 편다
밥에 납작한 생선살 펴 올리듯
초밥을 만든다

다 된 초밥이 꿈틀하자 초밥이 살아있다며 웃는다
하경이가 먼저 입 대고 냠냠하자
그 속에 있던 예지도 냠냠한다

둘은 배부르게 먹었는지
스르르 잠에 빠진다

# 대기표

시아버님이 화장실에서 넘어지셨다

그날
대기표 받은 걸까
이미 태어날 때 대기표를 받은 걸까

낙상이 화근이 되어 요양원에 가신 지
3개월 만에 화장터에 누워계신다

유족 대기실 전광판
**화로5 고인 김갑수 대기→ 진행**

바람만 밀려왔다 밀려가다 수골 시간에 이르러
아들딸 사위 며느리 손자 손녀 할 것 없이
한꺼번에 운다

주말이면 낚시도구 챙기시던
호랑이 선생님 별명 가지신 아버님
93년간의 역사가 두 시간도 안 되어 한 줌 가루가 되었다

화장터 전광판은 또
한 죽음의 대기표를 받고 있다

\>
生이 돌아가고
死가 돌아오는

오늘의 대기표는 몇 번까지 갈까

# 뒹굴뒹굴

월요일
덜 깬 잠 방울 줄지어 아다지오
마르지 않은 주말의 연장처럼
일은 하는 둥 마는 둥

화요일
겨우 하루 지났다고 투덜대는 안단테
눈뜨면 출근할 수 있는 직장 있는데
투덜투덜 나서는 문

수요일
조이고 조이는 모데라토
힘내자며 물레방아 돌리듯 시간 돌린다
반환점 도는 마라토너처럼 숨을 고른다

목요일
끝이 보인다며 알레그로
가볍게 가볍게 흥얼거리는 콧노래

금요일
금 자구만 들어가면 보약 같아
경쾌하게 나서는 비바체

배낭에 무얼 담을까
어디로 떠날까
고민 고민

주말 내내 뒹굴뒹굴

# 뒷북

명절 다음날은
언니와 함께 부모님 산소 가는 날

언니는 데프콘 닮은 여자가 아니며 데프콘을 닮았다면 절대 우리 언니 아니다
언니는 되새김 잘하는 특기가 있다

산소에 다녀오는 동안
언니의 기분은 내내 맑았는데
헤어지고 나서 카톡이 왔다

*네가 웃으며 말할 때는 천사같이 예쁜데*
*잘난 척 독판은 왜 하는 거니?*

또 시작이다
내가 잘난 척 했다고

다음다음 날 밤이 되어서야
통화보다 문자가 봉합하기엔 딱 좋아
언니 미안해! 한마디 보냈다

제대로 먹혔는지

너도 잘 자!

헤어지기 전에 말을 하던가
언니는 꼭 뒷북이다

# 뒤도 안 돌아보고

　버스정류장에서 한 아주머니에게 흰 꽃무늬 빨강 옷이 잘 어울린다고 말 건네니 오래된 옷이지만 시원해서 자주 입는다는 아주머니 새벽 6시에 나와 세 시간 병원 청소하고 집에 돌아가는 길인데 수십 년째 이 일을 하고 있고 내년에는 그만둘 거라고 묻지도 않은 말을 하다 211번 버스가 오자 뒤도 안 돌아보고 간다

　내 엄마도 빨강 옷 잘 어울렸는데 명품은 고사하고 시장 패션도 모르던 엄마가 저세상 가실 때 뒤도 안 돌아보고 가셨던 것처럼

## 오빠오빠 영원한 우리 오빠


　나 어릴 때 연예인처럼 빛나던 오빠오빠 동네 오빠 영원할 줄 알았는데 세월 물 들어오고 사회 물 들어와 이별의 강 건넜다가 다시 만난 오빠오빠 우리 오빠 오늘도 백수인 우리 오빠 아무 때나 먹고 아무 때나 자고 아무 때나 배를 굶다가 라면이라도 끓여 먹겠다고 슈퍼로 향하는 우리 오빠 길에서 젊은 여자 쳐다보다 동전을 우르르 떨어뜨려 홍당무 되어 돌아와 라면을 끓이는지 그 여자 생각을 끓이는지 소불알처럼 흔들리는 오빠오빠 우리 오빠 불은 라면을 젓가락으로 잡아 보지만 뚝뚝 끊어지는 우리 오빠 영원할 줄 알았던 우리 오빠 퉁퉁 불어가는 오빠오빠 우리 오빠

# 똥파리

갓 시집와 밥 먹는데
똥파리 여러 마리 날아다녔다

시어머니에겐
똥파리도 늘 곁에 있는 이웃처럼
오면 오는 대로 절대 쫓는 법이 없다

나는 정신없이 쫓아내다
또 날아들면 손 휘저어가며
밥을 먹었다

똥파리 앉은 자린
절대 젓가락이 가지 않았다

남편이 먹다 남긴 수박에 파리가 앉았다가 간다

잽싸게
파리 앉았던 자리보다 더 크게 도려내고
냉장고에 넣었다

늦은 밤 자려고 누웠다가 벌떡 일어나
수박을 갖다 버렸다

&gt;
네가 먹은 자리
똥파리 자리
미련 없이

# 속

사람마다 맛이 다르다
순한 맛 중간 맛 매운 맛

종종 순한 맛인 줄 알고 가까이 갔다가 돌아서는 맛

겪어봐야 그 속을 알 수 있다는데
한두 번 겪어보곤 다 아는 양 결론을 냈다
괜찮은 줄 알았다가 실망하고
칭찬했다가 후회하는

정말 사람 속은 양파 같다

넉넉한 줄 알았는데 기숙사 사감처럼 깐깐하고
정 많을 줄 알았는데 정 떨어지고
후할 줄 알았는데 박하고

사람을 만날 땐 양파 보듯 그 속을 궁금해하고
만나면 만날수록 그 속을 까뒤집어

내가 네게 식초를 치든
네가 내게 춘장을 찍든

\>
그 속을 들여다봐야 한다

# 뒤끝

많은 귀걸이가 나에게 왔지만
만나도 시큰둥 느낌도 없고 얌전하다

너는 평소 하던 귀걸이와 다르다
서랍 속에 널브러져 있다가 외출할 기미 보이면
룰루랄라 춤을 춘다

삼층으로 탑 쌓은 베이지색 귀걸이
내 귀에 매달려 살랑살랑
너와 매일 외출하고 싶다

어제는 동창 모임
수다 같은 수다를 떨다 먼저 나왔는데
귀걸이 한 쪽이 없다

옆에 같이 앉아 있던 영자에게 전화했더니
의자 밑에 떨어져 있다고 했는데
다음날 전화했더니
사라졌단다
미안하단다

다시 똑같은 귀걸이를 사러 갔는데

한 평도 안 되는
그 악세사리 가게는 사라지고 없다

세상에서 딱 맞는 인연은
딱 한 번인데

영자는 미안해 세 글자로
퉁치고

# 빨래건조대

긴 장마 끝나고
베란다에 들어온 햇빛이 반갑다

옷장 속에서
겨울옷을 한참 꺼냈다

잠깐이지만
한여름에 한겨울 만난 베란다가 시끌시끌
옷을 버리지 못하는 나의 습관대로
그렇게 늙은 옷 젊은 옷들이 다 모였다

겨울옷들이
제멋대로 겨울인 양 만끽하는 시간
옷의 눅눅함과 나의 눅눅한 기분을 말리기 위해
건조대에 옷을 하나씩 걸쳐나가는데

건조대가 뚝 소리를 내며
그대로 주저앉았다

햇빛에 말리려던 옷들이 내동댕이쳐지고
땡볕에서도 쉬지 않고 10년 넘게 서서 버텨온 건조대는
뚝 소리 한 번 내고 돌아가셨다

\>
남의 일 같지 않아
건조대를 일으켜 세우기 위해
일어나려고 조심조심
내 무릎을 폈다

# 가드레일

아파트에서 나오면
길 건너 버스정류장이 바로 있는데 갑자기
벽처럼 세워진 가드레일
보면 볼수록 낯설다

개나리처럼 피지도 못하는
바나나처럼 킥킥거리지도 않는 노란 가드레일

가드레일이 생기고부터
나는 눈앞의 버스를 보고도 못 탄다

허들 선수가 장애물 넘듯 넘어가고 싶은데 너무 높고
지팡이 짚으신 어르신이라고 봐주는 일 없어
모두 피해서 가는

내 맘대로 가로질러 가던 길이 막히고
아무리 급해도 무조건 돌아가란 것이
가드레일 법이니

나는 순한 양처럼
입 다물고 돌아 돌아 버스정류장으로 가고 있다
발로 툭툭 차가며

## 일방통행

늦은 밤 캐리어 끌고 엘리베이터를 탔는데

모자가 툭툭 치고 받는다
*못 봤다니까*
*왜 못 봐, 캐리어 소리도 났는데*

듣고 보니, 엄마는 문을 닫았고
나를 본 아들은 순간 열림 버튼을 눌러
나를 태운 모양이다

무승부로 끝나는 줄 알았다
하나뿐인 관람객이 엘리베이터를 내리는 중에
*못 봤다니까 새꺄*

부모라는 이름으로

나도 그랬다

# 3부

# 열쇠공

유리컵 집어던지는 너
소리 지르는 나

문을 꽝 닫고 방으로 들어가는 너
내가 소리 지른다고 닫힌 문은 잠기고

결혼한 지 1년 만에 엄마가 된 나는
너와 어떻게 소통해야 하는지 어떤 교육도 훈련도 받은 게 없는
무면허 엄마

건물을 짓더라도 수도 배관이 필요한데
부모와 자식 간의 관이 자주 막혀
어떻게 뚫어야 할지
어떻게 열어야 할지
막막한
나

문을 우격다짐으로 열다가
상처투성이가 되어 네 방문 앞에서 서성이는 날들

열쇠는 커도 안 되고 작아도 안 되고

아귀가 딱 맞아야 열리듯

네가 생각하는 엄마는 어떤 엄마고
내가 생각하는 딸은 어떤 딸인지
마음의 열쇠공이 되고 싶다

# 비밀이야

뚜벅
뚜벅

언덕 너머
도종환 시인이 근무했던 작은 학교에
발령받은 지 벌써 이 년

버스 타고 다시 갈아타고
오가는 길만 두세 시간

지루한
길은 그대로인데
시집을 읽으면서 더 이상 지루하지 않았다

가방 속에 시집 넣고
인포리로 향하면

나에게
시집 속의 시는
학교 오갈 때마다 말벗이 되어 말을 걸어준다

할머니가 주시던 곶감처럼

무릎 위의 시집에서 시를 빼먹다 보면
입가에 번지는
시 맛

사실 이건 비밀인데
버스에서 내리면 시를 읽으며 걸어가거든
마치 민달팽이가 바닥을 한 자 한 자 눌러 기어가듯

그래서 여기까지 온 거야

## 괜찮아

요가하고 오다가 고약한 태양을 만나
머리에서 열이 났다

얼음 모자 써야 하나
개처럼 혀를 내밀어야 하나
물차라도 지나가면 당장 쫓아가겠지만

아무리 궁리해도 지금은 불 불 불가마

작년 태양은 태양도 아니라는 듯
6월 태양이 모두의 혓바닥을 늘어질 대로 늘어지게 해
길거리에서 누굴 만나도

패스!

신호등에 걸려 서 있는 상냥한 순옥언니를 보고
세상에서 가장 **빠른** 걸음으로
와 버렸다

집에 들어오니 살만했고
순옥언니에게 죄송하다는 문자메시지를 보냈다

&gt;
괜찮다는 답장이 왔다
언니도 더웠나보다

# 창

둘은 자석이다
꽃이 N극이라면 나는 분명 S극
꽃이 나를 부르는지 내가 꽃을 부르는지
보기만 하면 같이 찍는다

손으로 턱을 괴었다 풀었다

찰칵,
찰칵,

웃음 지어보지만
내 속의 나는 희로애락이 같이 살아
순간순간 다른 내가 섞여 나와
나의 역사가 된다

사진은 창
지난 창을 한 장 한 장 열어보는데
꽃밭에 꽃이 밟혀있다

사진 찍는다며 꽃을 밟았고
밟힌 꽃은 말이 없다

\> 
미안하다, 꽃아

내가 살아온 대로
내가 살아가는 대로 쌓이는
오늘의 삶 앞에 서 있다

# 마이크 릴레이

시 낭송 한번 해보라는 시 낭송가의 말에
낭송을 배우며 대회 나갈 준비를 했다

시 악기 노래 등등
배우고 싶은 게 많은 건 꼭 엄마를 닮았다

여자가 배워서 뭐 하냐는 말에
딸로 태어난 죄로 죄 없는 콩나물만 뚝뚝 다듬으며
콩나물 대가리를 마이크 삼아 속 달래던 엄마

배움에 대해 목말라도
자신 위해 책 한 권 곁에 두지 못하고
콩나물 음표 삼아 노랠 부르시던 엄마

살아계셨다면
내게 노란 마이크 건네며 좋은 시절이니
네가 하고 싶은 거 다 해보라고 응원했을 것이다

버스 기다리며 시를 외운다
행과 행 연과 연 넘나들며
시 맛을 내본다

\> 
무대에서
엄마에게 들려주듯 조곤조곤 낭송하면
엄마도 들어주시겠지

# 나도 아우성

아무리 좋은 공연도
2시간 넘기면 만족도가 떨어지는데
무슨 배짱으로 온종일 판을 벌이는지
자장가 소리도 아니고

귀머거리 소리가 제일 큰 법이니
아무리 구애도 좋지만 떼로 몰려와
모두 귀먹은 것이 분명하다

잠시 왔다가는 것도 아니면서
초대받지 않은 손님 주제에 소음 보상이라도 해주든지
암튼 오늘도 주인행세다

매미야
배 깔고 시도 읽고 음악도 듣고 싶은데
아침부터 너의 구애소리에
문장은 가위질당하고 노래 가사는 사방으로 흩어지니

짝짓기의 절정인 양
절정의 힘을 쏟고 있는 매미야
얼른 끝내라고 그만 끝내라고
나도 아우성치고 싶다

\>
지나고 나면 생각나려나
짝짓기! 그 소리

# 마침표

신발을 구겨 신던 오빠
말도 잘하고 친절하기가 동네에서 최고였던 오빠

오빠에서 너로 바뀌고
내 목에 사슬 같은 기다림 걸어놓고
서울에는 예쁜 여자도 많다는데
취직하고 소식이 없다

이유 없는 이유가 없듯 무슨 이유가 있겠지 했지만
기다림에도 수명이 있어
간당간당한다

몹시 바람 불던 날
기다림을 집에 처박아 둔 채
수십 통의 편지만 들고 집을 나섰다

발 닿는 대로 가다 보니 통영
여관방에 짐 풀고 부둣가 포장마차로 향했다

둘이 먹던 해삼냉채가 술을 부르고
술은 돌아오지 않는 너를 불러
해삼인지 혀인지 구분 못 하고 씹다가

피 봤다

마침표를 찍었다

# 강적

고추전을 먹는다
안 매운 건 고추도 아니라며
남편은 게 눈 감추듯 전을 먹기 바쁘고
어머니는 무조건 부치기 바쁘다

한 장의 고추전에
매운 고추를 빽빽하게 넣어 부치는 어머님이 있고
고추를 모두 골라내고 먹으면서
속 쓰리다고 난리 치는 생기다 만 며느리가 있다

매운 고추도 잘 먹고
커피도 하루에 몇 잔씩 들이켜는 남편은
속이 강철인 줄 알았는데
나무 잘 타는 원숭이가 나무에서 떨어지듯
속이 강철인 남편이 결국
위를 자르고 말았다

건강검진 결과
재검하라는 경고도 무시하고 살더니
정육점에서 국거리용 고기를 뭉턱 잘라내듯
위를 잘라내고도

\>
또 청양 고추전을 먹는다

# 김칫국

살다 보면
사람을 만나고 물건을 만나
인연처럼 한집에 살게 되길래

미자가 스팀다리미를 기부한다는 말에
보지도 않고 두 손 번쩍 들었다

구찌 프라다만 아는 그녀의 다리미는 최소
바닥이 아닌 공중에 걸어둔 채로
스윽 다리는 다리미겠지

포장도 뜯지 않았다는 말에
내 손으로 직접 포장을 뜯어내는 상상까지 했는데

며칠 만에 내 손에 들어온 다리미
무늬만 스팀이고 이름만 다리미였다

주름은 안 펴지고
고무 타는 냄새만 풀풀 나 제조사를 확인해보니
중국산

며칠째

머리만 아프다

다리미를 얻으면 밥이라도 사야지 했다가
두통에 김칫국부터 마셨다

# 니들이 여자 마음을 알아?

버스 안에서
한 학생이 자리에서 슬그머니 일어나며
할머니 여기 앉으세요 한다

뒤를 돌아봐도 옆을 살펴봐도 나 말고는
서 있는 사람이 없다

괜찮아요, 학생 앉아요 말도 못하고
엉거주춤 자리에 앉아 있다

엊그제 큰 언니와 했던 통화가 생각났다

엘리베이터 안에서
이웃집 아기 아빠에게 할머니 소릴 듣고는 나에게 전화해
얼마나 나이 차이 난다고 할머니야 말하던 언니

나도 40대부터 흰머리가 하나둘 나오긴 했지만
그래도 그렇지 거시기는 아직 아니지 대꾸하던 나

언니 일이 내 일이 되었다

차창에 비친 내 모습을 보며 속으로 한마디 했다
*니들이 여자 마음을 알아?*

# 꿈

엘리베이터 안에서
처음 본 할머니가 내 머리카락을 귀 너머로 넘겨주며
귀엽다고 하신다
당신의 딸이라도 생각난 걸까

좀 당황스러웠지만
약속 시간에 늦어 꾸벅 인사도 못 하고
엘리베이터 문 열리자마자 급히 뛰쳐나오다
아파트 입구 바닥에 넘어졌다

좋은 기분에 넘어진 탓일까
손바닥에 피도 안 나고 멀쩡하다

간신히
버스 타고 나서야
어느 층에 사시는 할머니인지
다시 만날 수 있을지 궁금해진다

꿈은 아닌데
꼭 꿈속처럼

# 담배 한 개비

담배 한 개비 뚝 떨어진다

같이 걷던 문우가
마주 오던 젊은 애 귀에서 떨어졌다며
이건 시 소재인데! 하는 말에
내 것이라고 우긴다

먹잇감 찾는 하이에나처럼 시감詩感을 덥석 물으려 하자
나눠 갖자는 문우 말에 웃는다

보는 것마다 시 소재가 되기를 바라는 요즘
시 다운 시를 써보고 싶은데
늘 시시해

집에 와서 머릴 굴린다
조금 전에 만난 애는 어떤 애일까
언제부터 담배를 피기 시작했을까
담배 피우는 이유가 뭘까
물어봐야 했나

먹어본 사람이 요리한다고
담배 한번 피워볼까

\>
어느 문장에서 어떻게 연기를 내뿜어야 할지
어디서 나온 매움일지
담배 맛도 모르면서
한 줄 쓰겠다고
머리에서 연기만 풀풀 난다

# 門

아침 돌봄 교실에서 처음 만난 하경이는
골난 아이 같았다

하경이와 친해지기 위해 색칠하기를 같이 했지만
처음 몇 번은 눈치를 보며 열심히 하다가
이내 시들해지고

종이접기도 오목도 역시 마찬가지였다

밥 먹이는 엄마처럼
놀이 반찬을 바꿔가며 먹여보지만
먹어도 그만 안 먹어도 그만이라
그냥 스스로 먹게 놔뒀다

그래도 매일 아침
가방을 받아주며 반갑게 맞이했더니
묻는 말에 가장 짧게 네 네 하던 하경이가
입이 열려 말을 먼저 걸어오고
숨바꼭질도 하잔다

어제는 고사리손에 왕꿈틀이 3개를 쥐고 왔다
제 것 하나! 친구 것 하나!

내 것도 하나!

오늘은 선생님 이리 와 보세요 하더니
거울 책을 넘기며 읽어준다
문이 활짝 열린 날이다

# 순시

도서관에 거미가 나타났다
납작 엎드린 자세로 가다 서다 한다

교장 선생님이라면
복도유리창으로 들여다보다 가는 게 전부고
학부모라면 거침없이 출입문을 열고 들어왔을 텐데

거미는 소리 소문도 없이 안으로 들어와 우리의 동태를 살핀다

어떻게 들어왔을까?
고개를 갸웃거리는 아이
괜찮다고 해도 슬금슬금 뒷걸음질하다가
거미 쪽을 바라본다

거미는 느린 듯 빠르게
책장 쪽으로 사라졌다가 다시 나타나
순시를 끝낸 듯 복도에 와 있다

거미를 향해 안녕 잘 가 하고는
다음 날도 그다음 날도
오자마자 거미 얘기를 한다
어디선가 짠! 하고 나타나길 바라듯

# 4부

# 해피

새해 첫날
아이 키만큼 눈이 내린다
만들어 놓은 눈사람은 웃지도 않고 세상은 온통 먹색

12월 3일 계엄이 선포됐다 하룻밤 사이 해제되었지만
다 덮어버리고 싶으셨는지
이건 아니다 싶으셨는지
눈이 내리신다

지뢰의 시간을 안고 지낸지 여러 날
개나리 진달래 필 때쯤 봄은 오시려나
4월이면 확실히 오시려나

눈은 내렸다 그쳤다 또 내리고
요리하던 주인인 형님 뒷발에 차인
해피는 거실 바닥에서 TV 뉴스도 등진 채
내 가랑이 사이에서 새근새근 잠들어 있다

해피도 속은 있는지
평소에는 형님만 뚫어지라 바라보고 살랑살랑 꼬리치더니
오늘은 눈길도 안 준다

\>
세상도 먹통
해피도 먹통

## 팔자

구름이 파도치는 하늘 아래

펑퍼짐하게 졸음 뉘어놓고 어린애처럼 웃는 바윗돌이 있고
그 옆에 배 들어올 때마다 거북이 목으로
고기잡이 나간 남편을 기다리는
아기 업은 아낙이 있다

돌은
누구를 기다릴 일도 사랑할 일도 없다
그저 비가 와도 바람 불어도
일 년 내내 무심하다

그 돌 위에
엄마 눈을 마주치며 마냥 웃는 아기
그럴수록 아낙의 얼굴은 점점 어두워져
낮에도 밤이고
밤에도 밤이고

배불리 먹을 줄 알고
어린 나이에 등 떠밀려 시집온 아낙
팔자란다

# 널뛰기

조선시대 같으면 나는 곱게 한복 차려입고 널빤지 위에서 널뛰며 담장 밖을 보거나 하늘에 닿으려 하겠지만 우리 집 411동 704호 널은 그 널과는 사뭇 다르다 뚱보와 홀쭉이도 아닌데 한쪽으로 기울어져 있다 운동 좀 하려고 실내 자전거 하나 샀더니 TV 보는 데 방해된다고 하도 널뛰어 새 자전거는 베란다에서 장식품 되어 녹슬어갔다 이 양반 널뛰기는 흰머리가 늘어도 똑같다 엊그젠 제습제 역할을 하라고 신발장에 넣어둔 커피 가루가 바닥에 쏟아졌지만 향도 좋고 해서 그냥 놔뒀더니 날벼락이었다 여전히 길길이 널뛴다

# 사과

형님네 사과밭에 갔다

추석이 코앞이라 공판장에 사과를 내야 하는데
사과가 아직 거시기한 모양이다

몇 년째 농사짓는 형님
올 추석은 예년보다 빠르다며 훈련된 서커스 단원처럼
사다리 타고 올라간 형님이 사과 잎을 딴다

나도 난생처음 사과 잎을 딴다
무성한 잎에 가려졌던 사과
파란 사과는 속도 모르고 까꿍 까꿍 웃는다

사과가 저절로 익는 줄 알았는데
목마를까 물 주고
병충해 예방을 위해 수시로 약도 치고
햇빛 받아 제 빛깔 내라고 잎도 따주어야 한단다

우리 집에도 풋사과 하나 있다
날마다 컴퓨터 앞에 앉아 밤낮 게임만 하면서
알아서 한다는 대답이 새파랗게 튀어나오는
풋사과 같은

아들

오늘은 집에 가서
창문이란 창문은 모조리 열어 놓아야겠다

# 뽈

날마다 단톡방에 시 올리는 선배

아침 먹고
시 한 편 읽기에 딱 좋은 오전 8시 전후
도시락처럼 매일 시를 배달한다

엄마가 정성스레 아침밥 준비하듯
세상에 있는 그 많은 시 중 맛있는 시를 골라 올려주면
주거니 받거니 댓글이 달려야 제맛인데
모두 입을 꾹 다물어

선배는 계속 올려야 할지 고민스럽다는
문자를 내게 보내왔다

카톡 확인해보니 지금까지 올린 시가
5회도 아니고 500회였다

부모는 주는데 익숙해서
자식은 받는데 익숙해서
오늘은 굶었다

뽈 때문에
뽈뽈이 흩어져서

# 선수 입장

친구가 시인으로 등단하게 되어
행사 때 시 낭송 좀 부탁한다며 시를 보내왔다

읽고 외우기를 반복하며
시가 말하고자 하는 것을 느끼며
운동선수가 게임에 나갈 준비하듯 준비하고

미장원도 가고 무대복도 장만하고
행사 당일
당선 축하하기 위해
테이블에 지인들과 앉았다

400M 계주 선수처럼
낭송 시간을 기다리고 있는데
옆에서 한 지인이 수상자 본인이 시 낭송해야 하는 게 아니냐 했고
누군가 맞장구를 쳤다

혹시 관계자분이신가요? 선수교체도 때가 있는데……
하고 싶은 말 꾹 참은 채

예정대로 선수 입장

# 여름

물 한 방울 없는 사막을 맨발로 걷는 것 같다
여름은 걷고 걸어도 그늘에 닿지 않고

너는 다 왔다 다 왔다 하고
나는 숨의 숨을 뱉어내다 더 이상 속지 않겠다고
걸음을 멈춘다

여름은 되돌아갈 생각이 없다
갈 때가 되면 가야 하는데 눈치도 없고

신혼 초에 갔던 동남아 평균기온이 사람의 체온과 같아
매식 문화가 일상화되었다는 가이드 말처럼
오늘도 나는 매식을 생각한다

24시간 에어컨 틀어 놓고 사는
여름은 길어도 너무 길다
여름이 없거나 있어도 아주 짧은 나라로
이사 가고 싶다

외출할 때 양산으로 태양을 가려 보지만
헛일!

&gt;
태양을 어떻게 구슬려야 여름이 순해질까
아이스크림이라도 사줄까
주머니를 뒤진다

# 나의 침묵

터키 성지순례 중에
남편으로부터 수술 날짜가 잡혔다고 연락이 왔다

나는 여행 중이었고
여행에서 돌아가면 바로 있을 시 낭송 대회를 위해
시를 외우고 있었다

한용운의 님의 침묵
님은 갔습니다 사랑하는 나의 님은 갔습니다로 시작하는 시
고등학교 국어 시간에 님은 조국이라 배웠건만
나의 님으로 다가왔다

수십 번 수백 번 되뇌어야 완성이 되는 시 낭송
님은 갔습니다라고 되뇌다
벌레를 만진 듯
다
놔버렸다

주문처럼 될까 봐

거의 다 외운 시
하늘을 날며 외운 시가

땅으로 처박힌 줄 모르는 남편은
수술 마치고
끼니때마다 죽을 싹싹 비우며
연금을 오래 받겠다고 열심히 맨손 운동 중이다

아아,
나를 오가도 못하게 하는 님이
여기에 있습니다

# 툴툴

어머님 생신에
무주 시골집으로 식구들이 모두 모였다

주말이면 아침까지 게임 하는 시간 아들의 표정은
집 나설 때부터 도화지에 옮긴다면
먹구름이다

생신날 아침
먹구름은 갤 줄 모르다 더 짙어지고
나도 덩달아 먹구름 되어

좀 더 있다 가지 그러냐는 어머님의 아쉬움 뒤로 하고
아침밥 먹자마자 짐 챙겨 나왔다

어릴 적
전국각지에서 사람들이 몰려오던 무주구천동이었는데
간판들이 색 바랜 꽃무늬 원피스 같은 거리에서
아들의 툴툴 소리만 소란스럽다

마트에 들어가 아이스크림을 사줘도
툴툴은 가시지 않고
마트의 어항 속 물고기만
**뻐끔뻐끔** 아들 흉내를 내고 있다

# 秋

작년 여름은 선풍기 하나로 착하게 지냈는데
올여름은 더위가 극성이다

조금만 참아보자 했지만
여름의 발가락은 입추가 지나도 꼼지락거리고
30도를 내려오지 않는 불볕더위에
매미마저 높은음으로 부채질하고

秋 秋 秋

올까 말까 간 보다가
그래도 가을이 오긴 오려는지
바람의 눈치가 요 며칠 사이 바뀌긴 바뀐 것 같아
나무 그늘 평상에 팔베개하고 누워
순 매미와 함께 낮잠에 든다

뒤통수가 이따금 지나가는 바람에게 말을 건네는지
머리카락이 스스스 흔들린다

秋,
잡으러 가기 전에 알아서 빨리 뛰어오길

## 질투

이웃집 효순언니 놀러 오라는 전화다

먼저 와 있던 태경언니가 반기고
식탁 위에 튤립도 반긴다

차 마시다가 꽃을 만졌는데
두 손 모아 기도하듯 모여 있는 꽃봉오리
생화처럼 싱싱하다

효순언니에게 꼭 생화 같다고 했더니
언니 남편은 아직도 생화인 줄 알고
하룻밤 자고 나면
꽃이 어제보다 더 피었네 라고 말했다고 해서
모두 웃었다

부자 남자 만나 티격태격하는 태경언니는
대머리 남자면 어때
웃겨주는 남자가 최고지

늘 꽃처럼 웃는 효순언니
살아보니 이런 남자가 좋단다

\>
효순언니는 좋겠다
좋겠~어

# 건망증

지금 오고 있냐는
미정이 전화 받자마자
총알처럼 나왔다

약속을 잊어버려
늦는다는 핑계 대고 가는 중에
일주일 전 미정이랑 통화한 내용 떠올려본다

오늘
병희랑 셋이 만나기로 했다
다리 아픈 병희를 위해 병희 동네에서
버섯전골을 먹기로 했다

약속이 정해지면 항상 스마트 폰에 메모해 놓는데
오늘 날짜에 메모가 된 게 없다
메모로 사는 나는 메모가 없으면 어제 일도 희미하다
건망이 건망증을 앓듯

식당에 먼저 온 미정이와 병희가
생각보다 일찍 왔다며 반긴다

늦어 미안하다는 나의 말에 괜찮다고 하는데도

이 빠진 아이가 이 빠진 구멍으로 자꾸 혀 밀어 넣듯
신경이 쓰이는 건망증
이참에 먹을 수만 있다면
다 먹어 치우고 싶다

# 봄

올해 봄도
오다말고 그냥 가더라

새로 산 꽃무늬 원피스 입고
데이트도 하고 모임도 가려 했는데
작년에도 옷장 속 봄옷 거의 못 꺼내 입고 여름이 오더니

잡힐 듯 잡히지 않고
오다가 가려는 봄

봄이라면서 왜 기온이 뚝뚝 떨어지는지
날아갈 듯 바람만 세차던지
따지고 싶은데

봄이,
당연하단다
겨울을 밀어내고 왔으니 당연하지
봄은 파릇파릇 순하기만 한 게 아니란다

봄은 봄다워야지
왜 겨울을 닮았냐고 따지다가
봄도 살아가려면 매운맛도 필요하단 걸

어쩔 수 없이 인정한다
봄옷 입기에 춥지만

# 애다

  올해 장가간다는 김 선생은 아직 애다 교무실 중앙에 혼자만을 위한 가림막 설치해 놓고 교무실에 먹을 게 생기면 다른 사람이 먹든 말든 혼자서만 먹는 아직 애다 본인의 수업을 해야 한다며 과학 행사 심사에 비협조적이고 장학생 추천 담임 회의엔 자기 반 학생이 꼭 들어가야 한다고 고집부리다 반대 의견이 나오면 그날부터 상대를 적군으로 분류하는 김 선생은 아직 애다 적군과 아군이 분명해 아군은 누님 형님으로 부르고 적군은 본인이 보는 업무 이용해 불이익을 주는 김 선생은 아직 애다 올해 장가간다며 적군이 줄어들기는커녕 늘어나고 있다 김 선생은 나와도 잘 지내다가 틀어져 누님 호칭을 빼앗아 간 애다 아직

해설

# 과정의 시적 역학과
# 일상적 서사의 심미성

유종인 시인

# 과정의 시적 역학과 일상적 서사의 심미성

유종인 시인

## 1. 과정이라는 변화의 신전神殿

삶은 과정을 노정해 놓은 여러 갈래의 입체적 시공간의 방출이다. 그리고 그걸 수렴하는 방식은 인간의 지적 작용에 의해 유무형有無形의 다양한 창조물과 기록물 documentary의 방식으로 일회적인 삶의 시간을 공간의 구성물로 재구성하기도 한다. 범박하게 우리가 쓰는 속담 중에 '호랑이는 죽어서 가죽을 남기고 사람은 죽어서 이름을 남긴다'는 전언의 중핵적인 요지는 과정process과 거기에 따른 기념비적 산출産出이 역학적으로 작용함을 드러낸다. 그런데 앞서 속담에서 '사람은 죽어서 이름'을 남긴다는 언술에 주목할 필요가 있다. 이 언술은 최종적인 존재의 상징

성인 '이름fame'을 상정하지만 이것은 그야말로 거의 완료된 삶의 뉘앙스에 가까이 가 있어 과정보다는 궁극적인 결과론적인 의미가 더 완연하다. 그렇다면 존재의 과정이 갖는 삶의 소득이랄까 작금의 현재형present tense 속에서 '남기는 것'은 무엇일까. 삶에 있어서는 여러 가지 세속적 가치와 물질적 축적을 성과물로 일반화시켜 논할 수 있지만 적어도 시에 있어서는 지나온 삶의 과정을 헤아리고 내밀하게 톺아 성찰한 시편poems의 맺힘이 아닐까 싶다.

전은겸 시인이 주목하는 시적 포착의 대상은 하나같이 마음에 맺힌 것들을 사장死藏시키지 않고 유심하게 응시한 일상적 대소사matters great and small가 지닌 회생적回生的 의미이다. 이 회생적 의미는 단순히 일반적인 삶의 의미화나 분식粉飾이 아닌 존재의 일상을 충만하게 견디고 북돋아 주는 재생regeneration의 회귀적 역할을 도모한다는 사실이다. 즉 시인은 자신의 일상에 닥친 일들episode의 불모성과 부정성否定性을 그 자체의 현실적 소모의 결과로 방치하지 않고 존재의 내면적 활성活性을 위한 전환의 도구로 삼는 놀라운 긍정미肯定美를 발휘한다. 이 긍정의 동기motive는 무엇일까. 그것은 시와 일상 현실이 일정한 과정을 놓고 어떠한 감각적이고 유의미한 연관을 가지는가를 헤아리는 일이 될 것이다.

부동산 하는 친구의 안부 전화에
세종 땅 샀다며 자랑하다가
계약서를 보내보라는 말에 사진 찍어 보내니
맹지란다

건너기 전에 돌다리를 두드리는 사람이 있고
건너가다 잘 가고 있나 두드리는 사람이 있는데
나는 후자

알아볼 만큼 알아봤다고 자신했는데
나는 맹탕

보름 지나
계약취소를 통보하자 친절했던 을은 갑으로 돌변하여
계약금의 80%만 돌려주겠단다
맹지를 주장하며 더 받으려 하자 오히려 지인 생각해서 주는 거라며
그게 싫으면 계약금을 돌려줄 수 없단다
바늘구멍도 안 들어가는 갑

주는 대로 받고 돌아서면서
소화제 먹은 듯 속이 편해졌다
—「교육비」 부분

다 그런 건 아니지만 삶의 기쁨이나 선의善意의 상황 속엔 오로지 그런 전제된 기대치와 거기에 부합하는 결과만 존재하는 건 아니다. 이는 늘 상대방이나 관계 대상이 있기 때문이다. 나라고 하는 주체의 의도나 추진 결과 속엔 더불어 상대방과의 상호적 작용이 얽혀있기 때문이다. 그래서 장담하거나 낙관했던 일들은 확신과 다르게 늘 변동

성volatility을 가지고 그 결과를 바꿔놓게 되곤 한다. 그렇게 "세종 땅 샀다며 자랑"한 것이 "맹지盲地"로 판명되는 의외의 결과를 낳는다. 그런데 재밌는 것은 화자는 자신을 "건너가다 잘 가고 있나 두드리는 사람"이라고 오히려 자신의 성격에 더 책임을 둔다. 그런 "나는 맹탕"이라고 자책하거나 자인하는 것과 함께 "계약취소를 통보하자" 상대방은 "계약금의 80%"만 주겠다는 속되고 야박한 모습을 보인다. 세간의 거래 관계에 있어서 자신의 성정이 만들어낸 일종의 실수이거나 부주의함일 수 있어도 상대방의 잘못이 작다거나 할 수는 없다. 그래서 이 에피소드가 화자의 경제활동을 챙기는 불철저함과 거래 관계인의 유사 사행詐行으로 끝났다면 이 시는 그야말로 평범한 경험담 이상도 이하도 아닐 것이다.

그런데 마지막 연에서 모종의 심리적 반전이 일어나며 새뜻한 시적 활성이 일어난다. 그것은 바로 "주는 대로 받고 돌아서면서/ 소화제 먹은 듯 속이 편해졌다"는 언술에 관심이 모아지는 대목이다. 분명 일반적으론 자신의 잘못이 없고 상대방의 사행행위로 인한 것이기에 미흡한 계약금 반환은 억울함이나 분노, 배신감 같은 감정을 도출했을 텐데 화자는 의외의 감정선感情線을 도드라져 보여준다. 즉 현실적으로 부족한 반환이지만 그 부족감을 만족감으로 전환할 줄 아는 시인의 심리적 유연성, 그런 긍정적optimistic 자족이라는 새로운 의미적 패턴을 활성화할 줄 아는 것이다. 일찍이 성현 라오쯔老子는 '만족할 줄 아는 사람은 부자[知足者富]'라고 하였듯이 화자인 시인의 만족감은 오히려 부족한 결과 속에서 오히려 다행임을 되새기는 과정에서 역설적인paradoxical인 자족감을 수확한 셈이다. 현실적 부족을 심리적 자족으로 바꿀 줄 아는 유연함은 그간에 많은 "교육비"가 담보된 것이고 이를 잘 정서적으로 체득한 결과일 수 있다.

> 고향 친구 제향은
> 유일하게 고향을 떠나지 않은 친구다
>
> 프로 농사꾼이 다 되어
> 얼굴도 땅을 닮아가고
> 남편보다 동작이 빠르다
>
> 겨울 준비를 위해
> 통나무 자르고 옆으로 오이 썰듯 도끼질로
> 장작 수북이 쌓아 놓은 게 예술인 제향이
>
> 나도 해보겠다고
> 통나무 세워놓고 도끼로 내리치자
> 통나무가 비웃듯 떼구루루 굴러간다
>
> 도끼 탓인지 통나무 탓인지 이빨도 안 들어간다
> 이빨 안 들어가기가 한 이불 덮고 사는 사람과 똑같다
>
> 갓 시집온 나에게 출가외인 네 글자를 내밀 때
> 쪼개버렸어야 했는데 인공 지능 시대에
> 아직도 통나무 같은 사람과

한집에 살고 있다

제향아
도끼질 좀 잘하게 가르쳐주라
—「도끼질」전문

　일종의 풍자적 유머가 깃들어 있는 이 시편은 숙련과 미숙련의 차이를 통해 과정을 생략한 숙달은 존재하지 않는다는 평범한 진리의 절대성absolute을 은연중에 드러낸다. 누구보다도 농촌 생활에 이골이 나서 웬만한 농사일은 남자보다 잘하는 "제향이"는 "통나무를 자르고 옆으로 오이 썰듯 도끼질"에 능란한 "프로 농사꾼"이다. 흐트러짐이나 미숙성을 찾아볼 수 없는 친구를 통해 자신의 미숙함이 떠올려지는 부부관계의 아쉬운 부분이 화자에게 떠오른다. 그것은 다름 아닌 "이빨 안 들어가기가 한 이불 덮고 사는 사람"인 "남편"에 대한 능숙하지 못한 대처의 미숙성에까지 생각이 미치기 때문이다. 농사일에 능숙한 특히 "도끼질"에 능란한 친구를 볼 때 "갓 시집온 나에게 출가외인 네 글자를 내"미는 남편의 "통나무" 같은 고지식함을 작파할 "도끼질"의 파괴적 이미지image를 갈급하듯 차용하기에 이른다.

　남성미의 대표적인 사물 이미지 중의 하나인 도끼를 다루는 주체가 남성이 아닌 여성일 때 "도끼질"이 갖는 그 전향적인 삶에의 진취성이나 능동성activism은 어디서부터 발원하는가. 그것은 다름 아닌 "제향아/ 도끼질 좀 잘하게 가르쳐주라"는 배움의 과정에 대한 새삼스러운 인식, 즉 트인 존재로의 갱신을 위한 자기교육의 필요성에 기반을 두지 않나 싶다. 그렇다면 우리는 일상생활에서 진정으로 자신에게 중요로운 특별한 습득의 과정curriculum이 필요함을 깨닫곤 한다. 이는 그 자체로 삶이 홑 것이 아닌 겹의 상태임을 지시하는 바와 다르지 않다. 과정을 파기하고 결과의 트로피를 들어 올릴 수만은 없는 존재의 한계를 보여준다. 동시에 적확한 관계의 시점에 파괴적인 "도끼질"이 궁극적으로는 존재의 관계를 "잘하게" 하는 창조적인 "도끼질"임을 전은겸 시인은 남다른 체험의 시행詩行으로 보여준다. 파괴와 창조가 격절隔絶하지 않고 하나의 과정을 통해 의미 있는 연관성을 지닌다는 것을 화자는 충만한 나름의 스토리를 앞장세워 끌밋하게 연출해 낸다.

시아버님이 화장실에서 넘어지셨다

그날
대기표 받은 걸까
이미 태어날 때 대기표를 받은 걸까

낙상이 화근이 되어 요양원에 가신 지
3개월 만에 화장터에 누워계신다

유족 대기실 전광판
**화로5 고인 김갑수 대기→ 진행**

바람만 밀려왔다 밀려가다 수골 시간에 이르러

아들딸 사위 며느리 손자 손녀 할 것 없이
한꺼번에 운다

주말이면 낚시도구 챙기시던
호랑이 선생님 별명 가지신 아버님
93년간의 역사가 2시간도 안 되어 한 줌 가루가 되었다

화장터 전광판은 또
한 죽음의 대기표를 받고 있다

生이 돌아가고
死가 돌아오는

오늘의 대기표는 몇 번까지 갈까
—「대기표」 전문

   범박하게 죽음이라는 삶의 종결은 반대로 그 생전 lifetime을 되돌려 되새기게 된다. "화로火爐5"에서 "진행" 중인 화장에 이르른 "시아버님"의 육신은 소멸 중이다. 그다음 짐짓 "바람만 밀려왔다 밀려가다 수골 시간에 이르러/아들딸 사위 며느리 손자 손녀"는 "한꺼번에 운다"는 한 인생의 종언終焉의 의식에 이르지만 이마저도 "대기표"로 상징symbol되는 과정에 의해 진행된 수순일 따름이다. 인간 사회의 시스템은 삶과 죽음조차도 "화장터 전광판은 또/한 죽음의 대기표를 받고" 있듯이 일종의 제도화된 규칙성과 질서에 의해 조율되는 흐름 위에 얹혀진다.

그런데 전은겸 시인은 이런 생사의 흐름 위에 소멸해 가는 인생을 허무의 심연에만 매몰하지 않고 그 전생生의 인상적인 포인트를 짚어내는 눈썰미를 지녔다. "주말이면 낚시도구 챙기시던/ 호랑이 선생님"인 시아버님의 "93년간의 역사가 두 시간도 안 되어 한 줌 가루"로 변화되는 덧없음에 봉착하게 된다. 그런데 이마저도 "대기표"라는 살아남은 자들의 제도와 시스템의 과정을 통해서만 사회적 승인을 거쳐 처리하게 된다. 여기서 덧없음이라는 변화에의 감성과 "대기표"로 대표되는 체계적인 합리성rationality은 인간 공동체를 이루는 소프트-파워soft-power의 일종이다. 허무의 심정은 그 자체로 나약한 듯하지만 삶에 죽음을 접목시켜 인생을 통찰하는 매개나 기폭제의 관념이 되고, 화장장에서 본 "대기표"의 체계적인 처리의 흐름은 사회 커뮤니티가 죽음을 다루는 방식에 대해 고찰하게 한다. 즉 삶이 맞은 죽음의 결과조차도 사후적인 시스템 과정을 통해 수습되고 정리되는 과정학過程學의 생체험의 진실을 목도하게 된다.

> 월요일
> 덜 깬 잠 방울 줄지어 아다지오
> 마르지 않은 주말의 연장처럼
> 일은 하는 둥 마는 둥
>
> 화요일
> 겨우 하루 지났다고 투덜대는 안단테
> 눈뜨면 출근할 수 있는 직장 있는데

투덜투덜 나서는 문

수요일
조이고 조이는 모데라토
힘내자며 물레방아 돌리듯 시간 돌린다
반환점 도는 마라토너처럼 숨을 고른다

목요일
끝이 보인다며 알레그로
가볍게 가볍게 흥얼거리는 콧노래

금요일
금 자字만 들어가면 보약 같아
경쾌하게 나서는 비바체
배낭에 무얼 담을까
어디로 떠날까
고민 고민

주말 내내 뒹굴뒹굴
―「뒹굴뒹굴」 전문

　의미가 있든 없든 우리의 삶의 일상은 살아가고 살아내려는 무의식과 의식의 교호交互/交好가 작용하는 어쩌면 일주일 단위의 유기체organism적인 합성물의 일종이지 싶다. 그리고 그 유기체 내부에는 매 요일마다 생활의 기복과 리듬이 하나의 정서적 패턴을 형성하기에 이른다. 시인은 그런 분절된 듯한 시간을 음악적 요소로 연결하고 막연히 이어진 듯한 시간을 개별화된 리듬의 색채로 일상을 채색하듯 충전하기에 이른다.

"월요일"에서부터 "금요일"까지 이 음악적 기조基調의 생활 패턴은 막연한 듯하지만 "눈 뜨면 출근할 수 있는" 현실에 "고마"움을 느껴가는 정서 속에서 움트는 삶의 의지will에 속하는 음악적 겨를이다.

무료하지 않은 일상의 이런 겨를은 "아다지오adagio→안단테adante→모데라토moderato→알레그로allegro→비바체vivace"와 같은 속도의 변주變奏를 통해 활기vitality를 도모한다는 사실을 화자는 산뜻한 감각으로 노래한다. 그런데 이런 변주된 리듬, 즉 일주일이라는 생활의 속도는 끝 연의 "주말 내내 뒹굴뒹굴"이라는 특유의 이완된 속도의 의미를 불쑥 내미는 재미를 보여준다. 규범화된 일상의 속도를 떠나 "뒹굴뒹굴"이라는 수식어修飾語는 일상적 존재에서 독립한 듯한 자유를 그려내 준다. 즉 규격화된 일상의 패턴을 와해시키는 이 유쾌한 리듬감은 변화의 과정을 조율하는 가장 평화로운 속도의 입체성을 보여준다.

그리고 이러한 여러 변화가 지닌 과정들이야말로 미숙하고 몬존한 존재를 스스로 뚱기고 활성화시키며 동시에 내면적 확장을 꾀하는 과정의 신전(神殿, shrine)을 통해 존재를 각성시킨다. 시인은 일상의 변화를 참다이 수용하고 그 속도의 조율 속에서 살아갈 때 우리는 조화옹造化翁의 입지를 깨우쳐가는 존재임을 확인시켜 준다.

## 2. 일상日常이 건네는 생활 서사의 아름다움

　전은겸 시인의 여러 시편들은 생활의 다반사茶飯事들이라는 일상의 서사敍事로 구성돼 있다. 어찌 보면 흔전만전한 경험칙經驗則들로 아주 특별나거나 예외적인 큰 담론은 아닐 수 있다. 한데 이 부분에 그냥 간과할 수 없는 중요하고 소중한 미적aesthetic 요소들이 포진해 있음을 주목할 필요가 있다. 거대담론巨大談論으로는 담을 수도 포착할 수도 없는 일상생활의 미의식美意識이 줄기와 가지를 뻗고 있다. 그리고 어느 순간 그런 일상의 내레이션은 어느 순간 삶의 진솔한 성찰적 국면을 소박하지만 끌밋하게 조성해낸다.

　일상 속에는 변화가 없는 듯 보이지만 무수히 많은 변화의 요소요소들이 포진한 채 긴밀하면서도 조밀하고 잔잔한 흐름을 연대해 나간다. 우리는 그 흐름 속에 시의 눈길로만 바라봐야 그 아름다움 가까이 체득되는 대상과 마주할 때가 있다.

　　　개나리처럼 피지도 못하는
　　　바나나처럼 킥킥거리지도 않는 노란 가드레일

　　　가드레일이 생기고부터
　　　나는 눈앞의 버스를 보고도 못 탄다

　　　허들 선수가 장애물 넘듯 넘어가고 싶은데 너무 높고
　　　지팡이 짚으신 어르신이라고 봐주는 일 없어
　　　모두 피해서 가는

내 맘대로 가로질러 가던 길이 막히고
　　아무리 급해도 무조건 돌아가란 것이
　　가드레일 법이니

　　나는 순한 양처럼
　　입 다물고 돌아 돌아 버스정류장으로 가고 있다
　　발로 툭툭 차가며
　　ㅡ「가드레일」 부분

　생활의 불편이 돼버린 "가드레일"은 그야말로 "생기고부터／ 나는 눈앞의 버스를 보고도 못"타게 되는 장애물로 전락해 보인다. "허들 선수"처럼 "넘어가 오는 버스를 타고 싶은데" 만만치가 않다. 그리하여 "아무리 급해도 무조건 돌아가란" 무언의 준칙이 생기는 "가드레일의 법"이 성립하게 된다. 그런데 이 지점에서 화자는 "입 다물고 돌고 돌아"야 하는 지름길의 직진이 아닌 우회迂廻의 당사자가 되었다. 이 불편과 약간의 불만 속에서 어느 결에 시인은 하나의 완만한 풍경의 속도와 과정을 순회하게 된다. 이 불편한 우회의 과정이 가만한 풍경을 낳는다.
　이 우회의 과정은 쾌속과 속달의 세태 속에서 하나의 그윽한 선처善處를 보는 것처럼 각박해진 우리의 마음을 순화 acclimation시키는 평화의 모멘텀을 갖게 한다. 전은겸이 에두르고 톺아가지 않으면 마련할 수 없는 시경詩境이 생활의 불편 속에서 고스란히 돌아냈다 할 수 있다.

　　유리컵 집어던지는 너

소리 지르는 나

문을 꽝 닫고 방으로 들어가는 너
내가 소리 지른다고 닫힌 문은 잠기고

결혼한 지 1년 만에 엄마가 된 나는
너와 어떻게 소통해야 하는지 어떤 교육도 훈련도 받은 게 없는
무면허 엄마

건물을 짓더라도 수도 배관이 필요한데
부모와 자식 간의 관이 자주 막혀
어떻게 뚫어야 할지
어떻게 열어야 할지
막막한
나

문을 우격다짐으로 열다가
상처투성이가 되어 네 방문 앞에서 서성이는 날들

열쇠는 커도 안 되고 작아도 안 되고
아귀가 딱 맞아야 열리듯

네가 생각하는 엄마는 어떤 엄마고
내가 생각하는 딸은 어떤 딸인지
마음의 열쇠공이 되고 싶다
—「열쇠공」 전문

어쩌면 이 시편에 이르러 '부조화의 조화'라는 테제these 가 "부모와 자식 간의 관이 자주 막혀" 일어나는 불협화음을 본격적으로 개진하는 시적 사례라 할 수 있다. 소통과 공감이라는 보기 좋은 말들도 이런 현실적 상황에서는 때로 속수무책으로 공전될 때도 있고 번번이 빗나갈 때도 있다. 엄마의 마음은 늘 안타깝고 애가 탄다. 그렇다고 이 시편 속에서 특별한 현실적 타개책이나 해결 방법이 등장하는 것도 아니다. 오히려 이런 답답한 상황에 대한 문제 제기로서의 시적 발언이 더 오롯하게 여겨질 수가 있다. 그런데 바로 이 지점이 이 시가 갖는 순정한 "엄마"의 맘을 각인시키고 내리사랑의 진솔함으로 본연의 시심poetic sentiment을 드러낸 부분을 주목할 필요가 있다.

그리고 이런 본연本然의 순정한 엄마의 애달픈 마음은 "열쇠"가 아닌 "열쇠공"을 상기시키고 비유적으로 그려낸다. 여기서 주목할 것은 "열쇠"가 아닌 "열쇠공"의 의미 연관이 아닌가 싶다. 즉 열쇠는 고정화된 단순 해결의 루틴routine이라면 "열쇠공"은 다양하고 변화무쌍한 현실에 유연하게 대응할 수 있는 응용의 루틴을 제공하는 일종의 장인匠人의 관점이다. 딸과 엄마, 이 어이딸이 습습하게 상응하고 조화할 수 있는 지점을 선망하는 엄마에게 "열쇠공"은 그래서 매우 종요롭고 아름다운 품성으로 작용하는 기능적이고 비유적인 유기체organism인 셈이다.

시 악기 노래 등등
배우고 싶은 게 많은 건 꼭 엄마를 닮았다

여자가 배워서 뭐 하냐는 말에
딸로 태어난 죄로 죄 없는 콩나물만 뚝뚝 다듬으며
콩나물 대가리를 마이크 삼아 속 달래던 엄마

배움에 대해 목말라도
자신 위해 책 한 권 곁에 두지 못하고
콩나물 음표 삼아 노랠 부르시던 엄마

살아계셨다면
내게 노란 마이크 건네며 좋은 시절이니
네가 하고 싶은 거 다 해보라고 응원했을 것이다

버스 기다리며 시를 외운다
행과 행 연과 연 넘나들며
시 맛을 내본다

무대에서
엄마에게 들려주듯 조곤조곤 낭송하면
엄마도 들어주시겠지
— 「마이크 릴레이」 부분

 어이딸 중의 딸은 세월의 흐름 속에 연이어 딸자식을 둔 "엄마"로 그 위치가 승계된다. "배우고 싶은 게 많은 건 꼭 엄마를 닮은" 딸이자 엄마인 화자話者와 "콩나물 대가리를 마이크 삼아 속 달래던 엄마"는 화자의 엄마가 등장한다. 그런데 엄마는 현실적 자기실현의 몫을 여러 여건으로 이

루지 못하고 "살아 계셨다면" 한껏 "네가 하고 싶은 거 다 해보라고 응원"을 했을 사후의 존재가 되고 말았다.

그런데 여기서 주목할 것은 바로 엄마의 자격과 의무에 더하여 "마이크 건네며 좋은 시절"을 구가할 권리가 생사生死를 뛰어넘어 움트고 있다는 사실이다. 이 "마이크"로 상징되는 존재의 발언권right to speak은 시 낭송의 "시 맛"뿐만 아니라 그대로 '존재의 맛'을 동시에 드러낸다는 측면에서 여성주의feminism의 본래 의미와 가치를 돋우는 상황이다. 더군다나 특기할 포인트는 화자의 엄마가 돌아갔음에도 "엄마에게 들려주듯 조곤조곤 낭송하면/ 엄마도 들어주시겠지"라는 심정적 동기화動機化 내지는 일체화integration가 일어나는 전은겸 시인만의 연민 어린 감성에 주목할 필요가 있다.

　　조선시대 같으면 나는 곱게 한복 차려입고 널빤지 위에서 널뛰며 담장 밖을 보거나 하늘에 닿으려 하겠지만 우리 집 411동 704호 널은 그 널과는 사뭇 다르다 풍보와 홀쭉이도 아닌데 한쪽으로 기울어져 있다 운동 좀 하려고 실내 자전거 하나 샀더니 TV 보는 데 방해된다고 하도 널뛰어 새 자전거는 베란다에서 장식품 되어 녹슬어갔다 이 양반 널뛰기는 흰머리가 늘어도 똑같다 엊그젠 제습제 역할을 하라고 신발장에 넣어둔 커피 가루가 바닥에 쏟아졌지만 향도 좋고 해서 그냥 놔뒀더니 날벼락이었다 여전히 길길이 널뛴다
　　—「널뛰기」 전문

여기서 보면 생활이라는 곳은 늘 크고 작은 일들로 시소

게임처럼 "널뛴다"할 수 있다. 이 "널"이란 무엇인가. 시소처럼 기다란 판재 가운데 중심 매개물을 놓고 발을 돋우어 높이 공중으로 올라갔다 내려오는 스릴감을 즐기는 놀이이다. 상승과 하강이 주는 허공의 간극은 사람들로 하여금 모종의 쾌감을 선사한다. 그런데 이 시편에서는 그런 스릴이나 즐거움 대신 좀 더 다른 생활의 소소한 번민이 자리잡고 있다.

옛 놀이기구만이 아니라 "뚱보와 홀쭉이도 아닌데 한쪽으로 기울어"진 듯 보이는 관계의 핑퐁 게임처럼 일방적인 평온을 유지할 수 없는 생활의 형국은 부조화를 극화劇化한다. "이 양반"으로 지칭되는 배우자와의 엇나가거나 상반된 관계는 심각한 갈등의 국면보다는 좀 더 유머러스한 비유적 상황이 연출된다. "실내 자전거"와 "TV 보는" 것과의 상충, 제습 기능의 "신발장에 넣어둔 커피 가루"와 "가루가 바닥에 쏟아"진 것과의 상반된 인식은 한 마디로 "길길이 널뛴다"로 정경화情景化돼 있다. 즉 일반적인 의미의 '날뛴다'의 강퍅하고 갈등적인 국면의 표현이 "널뛴다"로 완충되고 이완된 풍경을 도모한다. 전은겸 시인은 일견 생활이라는 갈등의 장場을 이렇게 자기풍자自己諷刺적 상황으로 비유함으로써 어쩌면 생활의 풍정을 시화poemization하고 자기객관화의 평정심을 돋아낼 계제를 갖는다.

시인은 이렇듯 조화롭지 못한 생활의 사소한 갈등이나 부조화조차도 시적인 풍물로 돋아낼 줄 아는 생활이라는 풍속에 대한 시적 안목perspective을 지속적으로 유지하고 갱신하는 존재이다.

이웃집 효순언니 놀러 오라는 전화다

먼저 와 있던 태경언니가 반기고
식탁 위에 튤립도 반긴다

차 마시다가 꽃을 만졌는데
두 손 모아 기도하듯 모여 있는 꽃봉오리
생화처럼 싱싱하다

효순언니에게 꼭 생화 같다고 했더니
언니 남편은 아직도 생화인 줄 알고
하룻밤 자고 나면
꽃이 어제보다 더 피었네 라고 말했다고 해서
모두 웃었다

부자 남자 만나 티격태격하는 태경언니는
대머리 남자면 어때
웃겨주는 남자가 최고지

늘 꽃처럼 웃는 효순언니
살아보니 이런 남자가 좋단다

효순언니는 좋겠다
좋겠~어
―「질투」 전문

근래에 보기 드문 상냥하고 정감 어린 질투의 감정이다. 요즘처럼 사납고 기괴스러우며 파괴적인 질투가 횡행하는 세상에 화자의 질투는 차라리 정겹고 화기애애하다.

무엇보다 이 시편에는 부부관계의 성숙도, 나이 든 사람의 미의식美意識, 소박한 유머의 종요로움, 소박한 웃음의 철학 같은 것들이 자연스레 배어있다. 특히나 "생화 같"은 조화를 놓고 "꽃이 어제보다 더 피었네"라며 너스레와 유머를 풍길 줄 아는 "효순언니 남편"의 푼푼한 성품이 조화로운 생활의 감정이자 미적 감각임을 현시한다. 이런 이웃 언니를 보는 화자의 소박한 질투는 악감정이 아니라 선한 감정으로서 시로서의 심미적審美的 각성을 불러일으킨다. 즉 아 나도 저처럼 선하거나 아름답게 살아야겠다,라는 자발심spontaneity을 이끌어낸다. 생활 속에서 이런 일상의 서사description가 갖는 아름다움을 발견하고 이를 시적 상황으로 견인하는 전은겸 시인의 눈썰미는 시를 삶의 도처에서 찾아내는 풍요로운 정서의 소유자임이 분명하다. 삶과 문학의 경계나 격차가 거의 없는 이런 지경은 참으로 소중한 시적 자질이고 생활의 시경詩境이지 싶다.

무엇보다 우리가 부정적인 감정으로 폄하했던 질투의 감정을 이렇게 소담하고 화해롭게 견주어낸다는 점은 "모두 웃었다"라는 시적 상황만큼이나 시적 감정의 폭을 넓고 깊게 그려낸 긍정적인 측면의 확장이 아닌가 싶다.

질투가 시를 낳는다. 질투가 그 대상의 시적 둘레와 그 대상의 심부深部를 늠늠하니 겨누게 한다. 질투가 파괴나 폄훼가 아닌 동경과 상찬의 계기가 될 수 있다는 것은 참으로 전환적인 시각이 아닐 수 없다.

오늘
병희랑 셋이 만나기로 했다
다리 아픈 병희를 위해 병희 동네에서
버섯전골을 먹기로 했다

약속이 정해지면 항상 스마트 폰에 메모해 놓는데
오늘 날짜에 메모가 된 게 없다
메모로 사는 나는 메모가 없으면 어제 일도 희미하다
건망이 건망증을 앓듯

식당에 먼저 온 미정이와 병희가
생각보다 일찍 왔다며 반긴다

늦어 미안하단 나의 말에 괜찮다고 하는데도
이 빠진 아이가 이 빠진 구멍으로 자꾸 혀 밀어 넣듯
신경이 쓰이는 건망증
이참에 먹을 수만 있다면
다 먹어 치우고 싶다
—「건망증」 부분

  나이가 들어감에 따라 일상의 관성적인 행위가 어느 정도 고착되어감에 따라 우리의 뇌腦가 부지불식간에 겪는 증상 중 하나가 "건망증amnesia"이다. 메모 습관이 있는 화자가 "오늘 날짜에 메모가 된 게 없다"는 건 메모 자체를 잊어버린 드문 경우라 할 수 있다. 그럼에도 "식당에 먼저 온 미정이와 병희가" 반기는 상황 속에서도 화자는 자신의

"신경이 쓰이는 건망증"을 "다 먹어 치우고 싶"어 한다. 우리가 흔히 이런 건망健忘 증세를 '까먹는다'라고 한다. 그런데 이런 까먹는 증상을 "이참에 먹을 수만 있다면" 먹어 없애고 싶어하는 화자의 심리를 평이한 언술을 통해 토로한다. 여기서 흥미로운 사실은 시인은 망각의 증세조차도 일상의 시적 서사로 채용해 포용하고 있다는 점이다. 화자가 자기 기억 속 내용을 망각이나 망실亡失하지 않으려 까먹는 행위를 "먹어 치우"려는 의지의 표현이 바로 전은겸에게 있어서는 시적 주관主觀이다. 더불어 자신의 일상적 행위를 둘러싼 상황을 거리를 둔 채 명철하게 그려내려는 것이 소위 객관客觀이라 할 수 있다.

이렇듯 주관과 객관의 시적 조화는 물론 개인의 건망 증상까지도 시화詩化하는 것은 망각을 견디는 존재의 치열성과 서사적 수용성과 심미성審美性에 의미적 접근을 하는 일이다. 상황이 긍정적이지 않더라도 그걸 전환시켜 시적 판타지나 내용으로 삼음으로써 이야기의 공감으로 만들어내는 시의 너름새는 일상적 건망증에 있어서도 예외는 아니다.

모든 사람은 도도한 변화의 흐름이 있는 시공간에 처해 있다. 시인은 이 망각과 소멸의 기운이 임리淋漓한 대자연의 한가운데서 유의미한 서사적narrative 영역을 개척하고 갱신을 꾀하는 존재인지도 모른다. 그곳을 향해 가는 시인의 일상은 사소하지만 더불어 위대하다.

# 전은겸

전은겸 시인은 충북 음성 출신으로, 2025년 『애지』를 통해 등단했다. 상담심리를 전공했으며 과학교사로 재직한 바 있다. 현재는 시낭송가이자 동화구연가로 활동 중이다.
전은겸 시인의 첫 시집 『내 안의 민달팽이』는 '시적 역학과 일상적 서사의 심미성'이 돋보이는 시집이며, 반전과 급전 속의 '이야기 시'의 진수를 보여준다.

이메일　seaseao@naver.com

전은겸 시집

# 내 안의 민달팽이

| | |
|---|---|
| 발  행 | 2025년 10월 3일 |
| 지 은 이 | 전은겸 |
| 펴 낸 이 | 반송림 |
| 편집디자인 | 반송림 |
| 펴 낸 곳 | 도서출판 지혜, 계간시전문지 애지 |
| 기획위원 | 반경환 |
| 주  소 | 34624 대전광역시 동구 태전로 57, 2층 도서출판 지혜 |
| 전  화 | 042-625-1140 |
| 팩  스 | 042-627-1140 |
| 이 메 일 | eji@ji-hye.com |
| | ejisarang@hanmail.net |
| 애지카페 | cafe.daum.net/ejiliterature |

| | |
|---|---|
| ISBN | 979-11-5728-589-1   03810 |
| 값 | 12,000원 |

이 책의 판권은 지은이와 도서출판 지혜에 있습니다.
양측의 서면 동의 없는 무단전재 및 복제를 금합니다.

후원: (재)대전문화재단

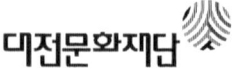

* 이 사업은 대전광역시, (재)대전문화재단에서 사업비 일부를 지원 받았습니다.